Documents manquants (pages, cahiers...)
NF Z 43-120-13

VURGEY

Trois Adaptations du Microcosme

L'AME, LES SEPT PRINCIPES DE L'HOMME ET DIEU

(Schémas pantaculaires)

PRÉFACE DE PAPUS (P. G. E.)

PARIS
CHAMUEL, ÉDITEUR
29, RUE DE TRÉVISE, 29

1892

Tous droits réservés

PRÉFACE

La Science occulte doit être divisée pour éviter toute confusion en deux parties: 1° une partie immuable, toujours identiquée à travers les âges et comprenant l'affirmation de la Tri-Unité, la doctrine des correspondances, d'où dérive la méthode analogique et l'étude d'un monde invisible double exact et facteur perpétuel du monde visible; 2° une partie personnelle à chaque auteur et constituée par des commentaires ou des applications spéciales.

La possibilité donnée à chaque intelligence de manifester ses potentialités dans les applications de détail est la cause efficiente du Progrès des études, de l'origine des diverses écoles et la preuve de la possibilité qu'a chaque auteur de conserver entière sa Personnalité, quel que soit le champ d'action abordé par lui.

Le travail très original et très profond de

M. Vurgey sur trois adaptations du microcosme mérite à juste titre d'appeler l'attention de l'observateur, et peut servir de preuve à ce que nous venons d'avancer.

On trouve couramment dans les ouvrages traitant d'occultisme cette affirmation que l'emploi de l'analogie permet d'aborder la solution des problèmes les plus compliqués de la Physiologie ou de la Psychologie transcendantes. Mais tout change quand il s'agit d'utiliser pratiquement cette méthode.

Et cependant ce n'est que lorsqu'on est parvenu à manier couramment l'analogie qu'on peut en saisir toute la valeur. Or il suffit de parcourir le mémoire de M. Vurgey pour constater combien il a acquis la pratique de cette méthode analogique, qui a dérouté déjà à ma connaissance tant de chercheurs, même expérimentés, et quels résultats immédiats il a obtenus.

Nous allons passer rapidement en revue : 1° les idées les plus originales présentées par l'auteur ; 2° le rapport des trois et des sept principes constitutifs de l'homme. Nous regrettons de ne pouvoir, vû l'espace, dire pour terminer quelques mots des trois Principes cosmogoniques en action dans l'Univers, principes dont M. Vurgey étudie les rapports.

L'analogie a conduit l'auteur à une foule

d'idées vraiment originales, et c'est là ce qui a le plus influé sur la première place donnée à ce mémoire. Nous tenons à signaler principalement la conception du microcosme comme un être planétaire ayant ses pôles, son équateur, ses méridiens, le tout incliné sur l'ecliptique astrale. Il faut remonter jusqu'à Malfatti de Montereggio et à son curieux travail sur *la Mathèse* pour retrouver une idée analogue. Malfatti considère en effet que l'être humain n'est véritablement complet que lorsque l'union s'opère entre l'homme et la femme. A ce moment, il montre que l'être humain synthétique ainsi formé a la forme d'une ellipse dont les deux cœurs marquent le centre et dont les deux bouches et les deux centres de génération marquent respectivement les deux foyers. Tel est l'Univers microcosmique de Malfatti. Ne se rappelle-t-on pas à cette image cette admirable théorie développée par Platon dans le *Banquet*, alors que le grand philosophe dit que primitivement l'homme était masculin-féminin en un seul être, et avait alors la forme d'une boule à huit membres; mais l'homme ayant péché, Dieu sépara le masculin du féminin et en forma deux êtres distincts, et Platon ajoute que, malgré cela, il *y a encore deux êtres dans l'homme actuel*, et que s'il pêche de nouveau chacun de ces êtres sera séparé. — Comment ne pas admirer la prévision avec laquelle le philosophe grec annonce nos découvertes modernes touchant l'indépendance de chaque hémisphère cérébral ? Lacuria, dans son *Harmonie de l'Être exprimé par les Nombres* a repris et développé encore cette idée.

C'est Lacuria qui, à ma connaissance, a le mieux traité cette question du terme médian, du médiateur plastique, qui unit les deux extrêmes, et de sa double polarisation. Il faut rendre cette justice à M. Vurgey que son étude de P, l'élément médiateur de l'homme, montre un souci des localisations physiologiques qui fait le plus grand honneur à l'esprit de l'auteur. La clarté du schéma 1 au point de vue des rapports du grand sympathique de l'Astral frappera vivement tous les occultistes un peu avancés. L'astral en effet s'appuie sur les organes et se manifeste par eux ; mais, essentiellement, il possède un plan spécial d'existence. C'est ce que développe parfaitement M. Vurgey (voy. surtout p. 23 et suiv.).

Mais il me faut borner mon analyse, à mon grand regret, et passer aux annexes de cet intéressant mémoire.

L'annexe A traite des sept principes et de leurs localisations.

Certains écrivains spiritualistes, connaissant fort mal l'occultisme, tendent à croire que la distinction en sept principes est la seule adoptée dans la science occulte.

Or les divisions en sept principes, données par Wronski dès 1800, en dix principes données par la Kabbale, se basent toutes sur des analyses plus ou moins minutieuses des trois principes primordiaux.

Veut-on une image assez suggestive, quoique grossière de ce fait.

Rappelons-nous que les trois principes de l'homme peuvent être comparés : le corps à la voiture, l'âme au cheval, l'esprit au cocher ; voiture, cheval, cocher constituent l'équipage comme corps, âme, esprit constituent l'homme.

Mais la voiture comprend des roues, un corps et des brancards ; le cheval, des pattes motrices, un corps et une tête ; le cocher, des bras (actionnant le cheval par les guides), un corps et une tête directrice, c'est-à-dire neuf principes totalisées dans l'ensemble : « équipage », ce qui fait dix. Telle est la clef des divisions de la Kabbale.

Mais il y a plusieurs principes communs dans notre équipage. Les brancards de la voiture se confondent avec le corps du cheval ; les bras du cocher actionnent directement la tête du cheval avec les guides comme prolongements, c'est-à-dire que le principe immédiatement supérieur se relie toujours au principe inférieur par la partie la plus élevée de ce principe inférieur (*brancards* pour la voiture, *tête* pour le cheval)

TROIS PRINCIPES	DÉTAILS	NEUF PRINCIPES	SEPT PRINCIPES
Voiture	Corps	1	1
	Roues	2	2
	Brancards	3	
			3
Cheval	Corps	4	
	Pattes	5	4
	Tête	6	
			5
Cocher	Bras	7	
	Corps	8	6
	Tête	9	7

Je prie notre ami Vurgey d'excuser la longueur de cette préface, mais l'importance des idées qu'il met au jour nécessite ces explications, répondant par avance aux critiques que des écrivains connaissant peu l'occultisme ont coutume de mettre en avant en pareille occurrence.

La Théorie de l'extériorisation des principes extrêmes et médian est tout à fait originale et mérite une sérieuse attention.

Il me faudrait parler encore longuement de cette question de l'immortalité consciente, ainsi que de l'annexe B; mais l'espace, dont j'abuse, me force à conclure.

La mise en œuvre d'une idée comprend trois phases merveilleusement synthétisées par Eliphas Levi dans le mot ART, lu de droite à gauche.

La première phase, c'est la Théorie, *la conception* d'une idée. La seconde phase, c'est la Réalisation. L'auteur écrit son idée telle qu'il l'a conçue et dans toute sa pureté.

C'est là le procédé suivi par le Dr Malfatti en 1839 et par M. Vurgey dans les mémoires ci-joints. Les ouvrages ainsi écrits sont destinés aux étudiants avancés et sont intentionnellement peu aptes à être compris des profanes.

La troisième phase, c'est l'Adaptation, qui nécessite de la part de l'auteur un nouveau travail pour éclaircir son idée de comparaisons multiples, et pour l'adapter aux milieux dans lesquels elle doit agir. On peut voir à la page 44 l'emploi de cette méthode par Vurgey.

Telles sont les considérations que nous avons cru devoir ajouter aux mémoires si suggestifs et si importants du délégué général du Groupe indépendant d'études ésotériques en Belgique, le premier lauréat de notre concours.

Papus.

EXTRAIT DU RAPPORT

du Comité de lecture des Mémoires concernant la 1ʳᵉ question du Groupe.

Nous proposons à la commission d'enseignement de classer premier le mémoire de M. Vurgey, qui, suivant sa propre déclaration, « s'est proposé d'éclairer de comparaisons nouvelles une abstraction insaisissable aux sens, tout en respectant l'orthodoxie de la doctrine à laquelle il en doit l'intelligence », et qui a parfaitement atteint son but. L'originalité de ces exposés, la facilité avec laquelle l'auteur aborde les questions les plus obscures méritent incontestablement cet honneur, que nous voudrions pouvoir rendre plus grand.

Le rapporteur,

Mauchel D. S. E.

Vu et approuvé après lecture des mémoires devant le Comité.

Papus P. G. E.

... Également éloigné de cette aveugle crédulité qui admet et recherche sans réflexion les choses les plus incompatibles avec les lois de la Nature, et de cette présomptueuse ignorance qui rejette et nie sans examen toutes celles qui sortent du cercle étroit de ses notions empiriques...

. . . .

... La Nature, par l'homogénéité qui constitue son essence, apprend aux hommes à voir au delà de la portée de leurs sens, les transporte par analogie d'une région dans l'autre et développe leurs idées.

. . . .

FABRE D'OLIVET. *Vers dorés.*
(Exam. 29 et 35.)

ARGUMENT DE CONNEXITÉ
DES TROIS ADAPTATIONS

Méthode Schématique	Épigraphie	Objet	Connexité
Microcosme humain sur le *plan astral*	PARACELSE : Discere ab hominibus, discere non est.	I. Adaptation de l'analogie du microcosme humain à la détermination de l'essence, de la localisation et des relations internes et externes de l'âme (Rapport).	Vie astrale (médiane)
Microcosme humain sur le *plan physiologique*	Homo factus est parvus quidam mundus, et omnes mundi naturas ac conditiones continet.	II. Adaptation semblable à la détermination des localisations et des rapports des sept principes de l'homme, spécialement à celle de l'extériorisation des principes extrêmes et médians, ceux-ci considérés dans leur neutralité et leur affinité astrale (Annexe A).	Vie physiologique (inférieure)
Microcosme humain sur le *plan divin*	Nos enim astrorum discipuli sumus, illa autem nostri Doctores.	III. Adaptation semblable à la détermination des rapports du monde divin créateur et du monde humain naturel. Macrocosme (Annexe B).	Vie spirituelle (supérieure)

I

ADAPTATION DE L'ANALOGIE DU MICROCOSME
HUMAIN A LA DÉTERMINATION
DE L'ESSENCE, DE LA LOCALISATION
ET DES RELATIONS INTERNES ET EXTERNES
DE L'AME.

Première question du Groupe indépendant
d'études ésotériques aux branches:

*Du Principe unissant le corps physique
à l'esprit dans l'homme.*

Rapport

> *Discere ab hominibus discere non est,*
>
> PARACELSE.

Les limites imposées aux mémoires m'obligent à entrer immédiatement au cœur du sujet. J'aurais voulu, dans des prémices, déterminer rigoureusement ce qu'il convient d'entendre par principe, union, corps physique, esprit; dire ce que sont la raison, la méthode critique, les preuves en matière supersensuelle; établir la relation de ce qui suit avec la tradition éternelle; prévenir du point de vue radicalement occulte où je dois me placer. Je devrai me contenter d'avertir que j'appelle corps physique ce qui dans l'homme est *visible;* esprit, ce qui y est à la fois *invisible et conscient;* principe médiateur, ce qui y est à la fois *invisible et inconscient.* J'éviterai ainsi de devoir autrement distinguer l'âme de l'esprit.

Je crois répondre aux intentions du Centre en donnant ici une perception personnelle du principe en question, tout en réservant cette originalité à la forme d'une vérité impersonnelle (ces derniers mots constituant à mes yeux un pléonasme absolu). Au lieu donc de paraphraser telles pages de l'occultisme qui exposent complètement l'objet de cette étude, je me propose d'éclairer de comparaisons nouvelles une abstraction insaisissable aux sens, tout en respectant l'orthodoxie de la doctrine à laquelle j'en dois l'intelligence.

*
* *

Une analogie légitimée par un dogme me permettra d'indiquer l'essence, la localisation et les fonctions du principe sur lequel nous sommes interrogés. Je désignerai celui-ci par l'indice P, figuratif de principe et de plastique. C'est ce qu'on a désigné sous les dénominations de médiateur plastique, périsprit, corps astral, âme, vie.

L'homme est un microcosme, comme la planète qu'il habite. Son corps est une période de cette mission qu'est son esprit. Par ses propriétés chroniques, ce corps est mortel, tandis que l'esprit, relevant du Verbe éternel, survit à l'imperfection infinie de son devoir. L'humanité touche donc au sommet et à la base de l'univers créé par l'attache supérieure de l'ordre reçu, de la volonté transmise, et par l'attache inférieure, de la décomposition, de la transformation (1). Elle est dans ce monde ce qu'est P dans l'homme. A considérer ces deux pôles ou hémisphères, P est analogue à la zone intertropicale, médiatrice entre ces

---

(1) Voir Annexe A, l'extérioration des principes extrêmes de l'homme.

— 21 —

deux extrémités et la commune attraction qui régit leur vie (Soleil-Aour) (1). L'homme évolue sur le plan astral comme la terre sur le plan de l'écliptique. Ses pôles sont par rapport à la polarité astrale absolue, en abaissement pour l'esprit, en élévation pour la matière. Par rapport entre eux, cette même inclinaison de l'axe et leur aplatissement les rapproche virtuellement en les rapprochant de leur médiateur. Les points équinoxiaux localisent l'équilibre plastique, l'harmonie du périsprit avec l'ensemble de l'individu et son ambiance, les points culminants de *rentrée astrale*. Les points solsticiaux localisent les limites d'excentricité astrale, les points culminants de *sortie*. Les points des tropiques opposés aux solstices localisent, au cancer la sublimation du principe, au capricorne sa matérialisation. Le « cercle d'illumination » (as-

(1) S'il est vrai que l'homme est un microcosme, l'homme a des pôles, des tropiques, un axe, etc. Ces trois examens tendent à ces déterminations en adoptant pour la première fois l'analogie dogmatique dans le sens le plus rigoureux. Dois-je faire observer que l'analogie est un procédé scientifique comme l'allégorie est un procédé poétique. Toutes deux, l'une dans le domaine personnel, l'autre dans le domaine impersonnel, sont des moyens de rendre sensibles par transposition des choses insensibles. Ici, l'assimilation de l'homme à la terre, autorisée par la doctrine sans âge, a pour but de montrer la double médiation interne et externe de l'âme, comment elle unit le corps et l'esprit en les reliant à la vie générale. D'autres analogies très différentes peuvent le montrer aussi bien. Qu'on se garde donc d'objectiver la mesure, croyant rendre sensible son objet.

trale) dépend de la rotation individuelle (signature astrologique) (1). Dans les points de sortie astrale, il y a lieu de distinguer entre ces extrémités de *sortie absolue* qui semblent réservées aux illuminés (cancer-ganglions cervicaux) et aux épileptiques (capricorne-plexus iliaque), des points de *sortie mixte* s'éloignant moins du plan humain (équateur) et qui, théoriquement, seraient peut-être situés aux extrémités de l'équateur même (rate). J'indique plus loin la localisation moyenne de P en fonction normale, entre la rentrée absolue et la sortie mixte, sur un plan intermédiaire.

Telle est l'animation dont on peut mouvoir le microcosme. Les quatres sphères imaginées par Fabre d'Olivet pour figurer la constitution métaphysique de l'homme se résument en celle-ci d'une façon traditionnelle et physiologique. Ne démontre-t-elle pas ce que Bossuet exprimait en ces termes : « La société de l'âme et du corps fait que le corps nous paraît quelque chose de plus qu'il n'est, et

---

(1) Dans l'analogie humaine du microscome, la rotation diurne et la translation annuelle correspondent respectivement à des situations astrales qu'on pourrait appeler individuelle et circonstancielle. Il ne faut pas perdre de vue que la vie, *répandue* dans toute la zone intertropicale est *concentrée* entre les plans. Cette disposition n'isole, dans aucun des schémas, le principe médiateur d'une partie de son champ de mission dans les deux hémisphères, la rotation faisant passer entre les plans toute la zone intertropicale.

Avec cette distinction, nous pouvons confondre la vie et l'âme.

l'âme quelque chose de moins. » Corps et âme représentent ici les deux principes dont nous avons placé les sommets aux pôles, élevant le premier et abaissant le second par l'inclinaison de l'axe humain sur le plan astral et l'aplatissement produit par la rotation diurne. L'équation différencielle ainsi posée résoud le problème.

La sublimation de la matière et le véhicule de l'esprit inférieur se médiatisent dans le sang (1). Ce principe, localisé au centre de l'être et actionnant la vie est, ainsi, individualisé. Son essence, dans cet état, est seconde, spécialisée, efficiente. Pour se substanter, il doit puiser à sa source originelle, établir son contact avec le principe vital universel non individualisé qui l'entoure (*Jour*). Ce contact s'établit suivant les circonstances et les individus à tel point de la zone astrale (intertropicale), dont le plan mixte, oscillant du plan humain au plan astral, correspond au grand sympathique (plexus cardiaque et solaire). La microbomanie daignera peut-être reconnaître un jour que ces *aspirations* astrales ouvrent les portes de l'organisme aux maladies contagieuses. P ou l'astral individualisé est bien distingué de l'astral universel, non individualisé,

(1) V. Annexe A. On devrait dire « vers le sang », ce contact ayant lieu dans une zone chronique limitée par le sang et par les nerfs avec, comme centre, le grand sympathique.

par Van Helmont (qui l'appelle Archée), dans ces mots : *Sanguini et non cruori inest anima.* Du même coup, il détermine l'immortalité de l'âme en tant que personnelle. N'est-ce pas aussi ce maître qui répond pour moi aux objections de méthode que j'entends murmurer : *Quæ per sensum censentur unum decernentur in effectibus*, et confirme mon schéma par cet autre : *Syzygia astrorum imitata in seminibus.* L'occulte est au-dessus des mots. Occulte, la présente question l'est parfaitement, traitant exclusivement d'extra-sensible. Elle *nécessite* donc l'analogie. Or il ne s'agit pas ici de répéter une leçon convenablement apprise, mais de faire œuvre originale, je suppose. La nouveauté de ma comparaison n'a donc pas besoin d'excuse.

L'occultisme enseigne que tout binaire se résoud en ternaire. Entre deux pôles il y a un équateur, entre l'équateur et l'écliptique, il y a un plan mobile. Il y a deux choses dans l'homme, deux entités opposées. LEUR UNION OPÈRE UNE LOCALISATION INDIVIDUELLE DE SON AGENT, créant une influence de l'extérieur constante par cette *soudure astrale* prise dans leur rapprochement (1). L'essence de l'esprit est simple (immortelle).

(1) En des termes dont l'exotérisme est aussi protecteur qu'ahurissant, un philosophe digne de nous laisser une table d'émeraude, Sylla, cité par Fabre d'Olivet, attribuait l'origine de l'Esprit au Soleil, celle de l'Ame à la Lune, celle du Corps à la Terre.

L'essence du corps est complexe (mortelle). L'essence de P est mixte... (P est mortel par rapport à l'esprit qui lui survit, et immortel par rapport au corps auquel il survit) (1) L'arcane qui frontonne de son équilibre Boas et Jakin est le sommet de tous les triangles et la solution du présent ternaire. Si l'âme est le souffle, la vie, il faut à cette vie un objet (corps) et une mission (esprit). Neutralisation médiatrice entre les pôles et le soleil humains, commutateur réciproque entre ce principe sensible, ce principe insensible et leur commune « translation », P est à la fois sensible (2) et insensible... (matérialisation). A l'état normal majeur, il régit la vie inconsciente ; c'est l'âme végétative des anciens. Son pouvoir plastique est réalisé par ses relations mêmes, en vertu de ce principe magique : La Forme est l'obéissance de la Matière au Verbe. La triangulation de l'homme s'éclairera de celle de Dieu dans ces correspondances :

DIEU :   *Père — Saint-Esprit — Fils*
HOMME : *Esprit —   P   — Corps*

(1) Le microcosme pentagrammatique confirme ces caractères. Le triangle Nord représente dans son unité l'esprit simple. Les deux triangles opposés signifient le binaire de la complexité corporelle. Le pentagramme central unit ces principes contraires en établissant par les triangles Est et Ouest leur affinité astrale. Cette médiation est indiquée par trois polygones. L'esprit est donc 1, le corps 2, et la vie 3.

(2) Ce caractère exceptionnel n'infirme en rien le caractère normal de ma première définition faite d'ailleurs d'un autre point de vue.

La situation intermédiaire de P, sur cette échelle, est maintes fois notée par l'art, principalement dans l'école italienne (Crivelli, etc.)

Si, descendu de Dieu au microscosme, on veut parfaire cette analogie dans le macrocosme, on établira parallèlement :

CRÉATION : *Verbe* **AOUR** *Matière (chair)*
INFINI :   *Espace*   *Temps*

Ainsi, l'agent universel de toute vitalité, plus grand que maintes conceptions de Dieu (1), qui fournit à chaque corps sa vie propre, est lui même la vie de l'Infini (2).

A reprendre en d'autres relations ces trigrammes, on trouverait, entre l'extra-humain supérieur et la vie humaine, l'*esprit médiateur*, comme entre l'esprit et le corps se trouve la *vie médiatrice*. J'ai d'ailleurs déjà indiqué semblablement le rapport :

ÉTERNITÉ : *Immortalité — Humanité — Mortalité*

Il n'entre pas dans la question ni dans son cadre d'établir sa bibliographie. Toutefois il faut remarquer qu'universellement toutes les philosophies (y compris celle de Kant) ont cherché à établir sur trois principes l'ensemble de l'être humain. J'ai indiqué la source *immédiatement extérieure* du principe médiateur.

(1) Génitif objectif.
(2) Voir annexe B et Schéma V.

Un certain degré d'initiation fera comprendre par telles transpositions de ce ternaire, comment ces *trois* principes sont *deux* choses *unies* (mystère de la sainte Trinité).

L'extrémité supérieure du corps et l'extrémité inférieure de l'esprit communiquent par le plan astral. *Contenant* ce qu'il y a de plus sensible dans l'esprit et de moins sensible dans le corps, P n'est pas *composé* de l'esprit et du corps tout en *participant* d'eux ; c'est, alchimiquement, une des plus infimes différenciations de la matière première... Ici, pour ne pas sortir de notre sujet, je dirai simplement que c'est l'astral impersonnel qui recueille et soutient P lorsqu'il s'étend hors du corps.

Telles peuvent être imaginées les localisations moyennes et extrêmes, les essences propre et individualisée, les fonctions de relations internes et externes du principe unissant le corps physique à l'esprit dans l'homme.

II

(Annexe A)

ADAPTATION SEMBLABLE A LA DÉTERMINATION
DES LOCALISATIONS ET DES RAPPORTS
DES SEPT PRINCIPES DE L'HOMME,
SPÉCIALEMENT A CELLE DE L'EXTÉRIORISATION
DES PRINCIPES EXTRÊMES ET MÉDIANS,
CEUX-CI CONSIDÉRÉS DANS LEUR NEUTRALITÉ
ET LEUR AFFINITÉ ASTRALE.

> *Homo factus est parvus quidam mundus, et omnes mundi naturas ac conditiones continet.*
>
> PARACELSE.

Il n'entre pas dans l'objet direct de la question telle qu'elle est déterminée de montrer par mon schéma les localisations relatives des sept principes de l'homme, n'étant interrogé, à vrai dire, que sur le quatrième. J'annexe à ma thèse cette analogie subsidiaire. On y verra comment il convient de comprendre l'extérioration des principes 1 et 7. Tout en participant de l'esprit supra-humain et de la matière infra-humaine, ces facultés extrêmes ont leurs centres aux pôles mêmes de l'homme. Le cercle polaire et la réduction de l'aplatissement donnent la mesure relative de leur extension inverse. La détermination de cette excentricité, en même temps qu'elle donne le centre de l'esprit et du corps (6 et 2), se combine heureusement avec l'adaptation de la « constitution métaphysique » de Fabre d'Olivet, à laquelle il a été fait allusion, et que je reproduirais volontiers complètement ici si je ne craignais d'encombrer et d'obscurcir la partie schématique de mon travail. D'autre part, il me paraît lumineusement édifiant de trouver le quatrième principe en affinité avec les principes qui lui sont tangents (5 et 3) par le faisceau diagonal de l'obliquité des plans. Cette figuration (1) manifeste en outre son abstraction et son affinité extérieure.

J'ajoute à la satisfaction que je trouve dans cette constance d'appropriation confirmatrice celle de rencontrer une des meilleures vues d'un occultiste autorisé. Je joins, en effet, en regard de mon schéma, un schéma de Papus qui révèle, à cette opposition, d'éloquentes spécifications. Je me contentrai de signaler dans cette combinaison la valeur relative des mesures des trois principes cardinaux figurées en signes accolades. Phénoménale sur le plan physiologique, cette valeur devient antipodalement outrée sur le plan astral, selon que la mesure se porte à l'emprise astrale spirituelle (solstice d'été) ou à l'emprise astrale matérielle (solstice d'hiver). Le schéma physiologique dont je dresse la reproduction parallèlement au mien, est modifié relativement à la locali-

(1) Dans son *Traité méthodique de Science occulte*, Papus, à l'endroit où il rapporte les paroles de Fabre d'Olivet au sujet de la haute antiquité du dogme microcosmique, abonde dans le sens de mes adaptations : « Les anciens, dit-il, avaient établi que l'homme était analogue à l'Univers. Ils appelaient pour cette raison l'homme microcosme, et l'Univers macrocosme. Il s'ensuit que, pour connaître la circulation de la vie dans l'Univers, il suffit d'étudier la circulation vitale chez l'homme et réciproquement. » L'auteur ajoute même explicitement : « Si une chose quelconque est analogue à une autre, toutes les parties dont cette chose est composée sont analogues aux parties correspondantes de l'autre. »

sation des principes extrêmes que l'auteur place en dehors de l'être visible. L'analogie microscomique prouve que cette extérioration complète est excessive. C'est en ne tenant pas compte de l'aplatissement des pôles et en faisant entrer cette illusion dans les éléments d'un calcul purement virtuel qu'on s'expose à commettre cette erreur, qui, au pied de la lettre, exclut également de l'être l'inspiration (7) et l'excrétion (1). La transposition des principes 6 et 2, nécéssitée par la rentrée partielle des principes 7 et 1, place judicieusement au centre de leur sphère ces principes cardinaux. La pensée (6) polarise l'excentricité de l'inspiration (7) et de la sensation (5), comme l'assimilation (2) tient, anatomiquement et physiologiquement, le milieu entre l'absorption (3) et l'excrétion (1). On peut voir semblablement la vie (circulation, 4) participer de la sensation (5) et de l'absorption (3)*.

(1) On remarquera que mes schémas se confirment mutuellement au point d'en pouvoir former un seul. Toutefois, il importe d'observer que les trois principes (corps, vie, esprit) ont une signification *astrale* dans le premier et *physiologique* dans le second. Celui-ci rentre donc absolument dans l'hémisphère austral du premier avec une acception nouvelle de ses termes. Dans cette nouvelle relation, le faisceau d'obliquité et l'hémisphère supérieur nous donnent l'analogie d'un monde supérieur : que sont la grande sphère, les plans, les axes ? Nous pouvons aborder ici le calcul d'influences planétaires et la lecture du zodiaque dans un sens singulièrement spécial en même temps que nous posons le pied sur le premier échelon de cette infinie

Il est à remarquer que, relativement au système de Fabre d'Olivet, mon schéma fait excéder l'esprit et le corps de la « sphère de puissance volitive » aux points de passion et de démence. Un autre symbole, non moins significatif, est produit par l'obliquité. On sait que les organes régis par le centre nerveux conscient sont symétriques, tandis que ceux que régit le grand sympathique sont asymétriques. Bichat est un de ceux qui ont noté cette remarque. Or il se fait que les zones respectives de ces deux principes ont précisément dans le microcosme ce caractère différentiel.

Enfin — et c'est ici que cette annexe se rattache principalement à l'objet de la question — au point de vue du quatrième principe sur lequel nous sommes interrogés, il apparaît clairement que *la cause et le moyen d'union entre l'esprit et le corps sont extérieurs à ceux-ci* (obliquité du plan astral sur le plan humain) et que *cette union est constamment dépendante de cette extériorisation.* Confondez les plans, les soupiraux (3-4 et 4-5) ouverts sur l'Aour disparaissent, l'hémisphère boréal (esprit) s'oppose intégralement à l'hémisphère austral (corps) sans l'affinité réciproque par laquelle se manifeste leur union, le quatrième

hiérarchie dont je parle dans la note suivante. La base de cette troisième transposition est indiquée dans l'annexe B, dont le schéma, étudié parallèlement au premier et au second, déterminera l'orientation astrale de la prière et l'orthodoxie du **geste crucial**.

principe disparaît, la terre est abandonnée par le soleil, l'homme est abandonné par la vie, les deux colonnes du temple écroulé tendent désespérément leurs bras suppliants vers la lumière, tant il est vrai que la TRANSLATION (1) est l'âme de tous les êtres, depuis l'entité planétaire jusqu'au plus inerte minéral, et manifestement de l'individu hominal (2).

Envisageons maintenant au point de vue physiologique les principes de l'homme. Il y a, à vrai dire, 2, 3, 6, 7 ou 9 principes, selon qu'on approfondit l'examen. En effet, les principes 2 et 6 se réunissent par leur affinité 3, 5, constituant 6 principes divisionnaires (1,2,3,5,6,7). En considérant ces deux principes cardinaux (2,6) et leur union (4) on affirme 3 principes. Enfin, en subdivisant ce principe d'union comme les deux autres en 3 parties, on découvre 9 principes. Mais deux de ces principes (3 et 5) sont mixtes. C'est ainsi que la tradition reconnaît 7 principes dans l'homme. Nous devons à ce dénombrement des absurdités mémorables, — les plus

---

(1) Je n'ai dû, dans le développement présentement nécessité par cette analogie, parler que de la rotation diurne et du mouvement de translation ou rotation annuelle. Cette norme sidérale universelle pourrait présenter un aspect binaire quelque peu répugnant si je ne sortais ici de la question pour avertir que des considérations plus étendues révèlent la solution de ce dualisme apparent par le ternaire d'une hiérarchie infiniment admirable.

(2) La mort, à vrai dire, n'est qu'une désorbitation.

lourdes peut-être dont l'empirisme nous ait égayés.

Comment se détermine, par ces nombres, le fonctionnement de l'organisme humain (1).

La sphère 2 (1,2,3) forme la matière humaine. Cette élaboration a lieu dans 3 comme préparation (absorption), dans 1 comme épuration (excrétion). Dans 2 la matière est assimilée et passe par 3-4 dans 4, où elle est à son maximum potentiel. Par 4-5, sa force passe aux nerfs, qui l'utilisent dans 5 réceptivement, dans 6 consciemment, dans 7 projectivement (sensation, pensée, volonté). Le trajet d'élaboration, de réalisation et d'utilisation, avec ses centres de périodes et leurs intermédiaires se chiffre donc par 3,2,1,3-4,4,4-5,5,6,7. Le foie correspond, dans 3-4, à l'intersection des sphères, au cervelet dans 4-5, à l'endroit symétriquement opposé. Ce sont les seuls entre l'absorption (corps, 2) et la circulation (vie, 4) d'une part, entre la circulation (vie, 4) et la sensation (esprit, 5) d'autre part. D'un côté, la matière devient sang, de l'autre, le sang devient fluide nerveux. On remarquera que j'ai soin d'appeler 4-5 et et non 5-4 la zone opposée à 3-4 pour indiquer les relations supérieure de 4 à

(1) Cette interprétation est entièrement basée, au point de vue physiologique, sur l'*Essai de physiologie synthétique* de Gérard Encausse. Cette étude rapporte les vues du Dr Luys sur le rôle encore indéterminé du cervelet, vues que j'ai été amené à rencontrer dans le développement naturel de mon analogie.

(1) Excrétion abdominale thoracique céphalique	(2) Assimilation Intestin grêle	(3) Absorption Estomac	(3-4) Annexes médiatrices de la nutrition et de la circulation Rate, foie	(4) Circulation Cœur Poumons	(4-5) Annexes médiatrices de la circulation et de la sensation Cervelet	(5) Sensation Cerveau postérieur	(6) Pensée Cerveau psychique	(7) Inspiration Motion Cerveau antérieur
Corps du corps (+)	Vie du corps	Esprit du corps	Corps de la vie	Vie de la vie	Esprit de la vie	Corps de l'Esprit	Vie de l'Esprit	Esprit de l'Esprit
Ventre du ventre	Poitrine du ventre	Tête du ventre	Ventre de la poitrine	Poitrine de la poitrine	Tête de la poitrine	Ventre de la tête	Poitrine de la tête	Tête de la tête

Corps Ventre — *Vie* Poitrine — *Esprit* Tête

(+) Papus.

5 et inférieure de 4 à 3. Les organes 3-4, quoique appartenant à 2, font bien partie, en effet, comme l'indique le schéma, de la *nutrition de la circulation*, et les organes 4-5, quoique appartenant à 6, font semblablement partie de la *circulation de la sensation*. A spécifier ces déterminations purement mécaniques, 3-4 présente les organes placés schématiquement et physiologiquement entre la poitrine et le ventre, derniers de la nutrition, premiers de la circulation, où la nourriture n'est plus, où le sang n'est pas encore. De même 4-5 représente ceux placés entre la tête et la poitrine, derniers de la circulation, premiers de la sensation, où le sang n'est plus, où le nerf n'est pas encore.

La répartition des principes produits par la division ternaire des deux principes cardinaux (2,6) et du rayon de leur frontière mixte (4) montre sous un aspect complémentaire leurs relations générales. (V. p. 37).

L'homme puise son âme entre le corps et l'esprit, l'y localise en l'étendant vers les centres du corps et de l'esprit. Cette médiation et ces extensions produisent les 9 principes, qui, à leur tour, se subdivisent en 27 applications, correspondant toujours au ternaire primitif. Ainsi, par exemple, l'excrétion s'appliquera à l'esprit dans les fonctions génitales, à la vie par les voies urinaires et au corps proprement dit par l'anus. A comparer symétriquement les principes constitutifs entre eux, on verra que la nourriture de l'esprit est absorbée par le 5, comme celle du corps l'est par le 3 ; que cette nourriture est assimilée par le 6, comme celle du corps l'est par le 2 ; qu'enfin le but dernier de l'esprit est l'extérioration sous forme de réalisation de sa volonté (geste, œuvre) (7), comme la fin dernière de la matière corporelle utilisée est l'excrétion (1). Cette opposition des principes 1 et 7, 2 et 6, 3 et 5 jette un nouveau jour sur le caractère d'unité du principe 4 et sur l'asymétrie des principes 3-4 et 4-5, dont j'ai signalé la signification analogique. Une interprétation semblable de cette opposition reconnaîtrait que le propre du corps est de se décomposer (1) comme le propre de l'esprit est de s'élever (7); que la *vie* du corps, comme celle de l'esprit, est alimentée d'une part par l'assimilation d'éléments matériels, d'autre part par l'assimilation d'éléments spirituels (2 et 6); qu'enfin les *conditions* de cette vie sont de part et d'autre (3 et 5) la réception d'éléments extérieurs.

Ces caractères parallèles se généralisent dans cette conception qui sera développée au tableau suivant : centres absorbants, 2, 6 ; excentricités centripètes, 3, 5; excentricités centrifuges, 1, 7. Il est à remarquer que ces dispositions physiologiques localisent le plexus cardiaque, la rate, etc., conformément à mon premier schéma astral. En outre ces figurations placent les sept principes dans leur position anatomique relative, dans leur ordre vertical naturel, faisant significativement participer le premier et le septième par la périphérie générale à tout l'être, plus particulièrement sous forme de commandement et de transpiration.

En prolongeant l'analogie, la transposition de chacune des sphères cardinales (2 et 6) en schéma particulier révélera entre 1 et 2, 2 et 3, 5 et 6, 6 et 7, des intermédiaires analogues, sur un plan divisionnaire inférieur à 3-4 et 4-5. Parmi les nombreuses remarques que suggère l'examen de mes schémas, il faut noter les suivantes :

La vie strictement intertropicale ne régit par les principes 1 et 7, et ne régit qu'en partie les principes 2 et 6. Il y a là une partie immortelle et une partie morte bien déterminées, au milieu desquelles se trouve la partie mortelle (vivante). La comparaison des aires des trois sphères est intéressante à ce sujet. On peut aussi la rapporter à celle des segments correspondants et à celle des accolades des schémas II et III. Dans toute extension, suivra rigoureusement le développement ternaire. La loi de série fondamentale régit sans exception tous nos groupements. Cette base légitime permet d'établir le septenaire et nous montre, en second degré,

ORDRE FONCTIONNEL DES SEPT PRINCIPES DE L'HOMME

		RÉCEPTION CENTRIPÈTE ABSORPTION (—)	POLARISATION CENTRALE ASSIMILATION (∞)	PROPULSION CENTRIFUGE	
				TRANSITION MIXTE SUPÉRIEURE	(+) EXPULSION INFÉRIEURE
orps	(ventre-matière) sphère : 2 principes : 1, 2, 3	(a) Absorption Estomac et annexe Nutrition du corps. Apport de la matière 3	(b) Assimilation Digestion-intestin grêle Absorption de la matière par le corps 2	Chylifères, foie, rate (c) Passage du chyle au sang, de la matière à la force, du corps à la vie 3-1	Excrétion abdominale 1
ie	(poitrine- force) sphère : 4	matière de la force	(d) Gr. circulation veineuse Circulation lymphatique Ganglions et plexus lymphatiques Canal thoracique Absorption de la vie. Apport de la force	(e) Petite circulation Cœur, poumons Assimilation de la force par la vie	Gr. circulation artérielle (f) (Cervelet) Passage du sang au nerf, de la force à la volonté, de la vie à l'esprit	Excrétion thoracique-rénale
			(a') Aspiration	(b') Inspiration (*)	(c') Expiration	
			⎯⎯⎯⎯⎯⎯⎯⎯⎯⎯⎯ Affinité astrale ⎯⎯⎯⎯⎯⎯⎯⎯⎯⎯⎯			
		(g)	Circulation nerveuse inconsciente			
			⎯⎯⎯⎯⎯⎯⎯⎯⎯⎯⎯ Grand Sympathique ⎯⎯⎯⎯⎯⎯⎯⎯⎯⎯⎯			
		force de la force	(Centre de la vie entre c et i, mixte entre f et h)			
			(a") Plexus solaire	(b") Plexus cardiaque	Ganglions cervicaux (c") (physionomie) Plexus iliaque	
			(Aspir	Inspir	Expir)	
			⎯⎯⎯⎯⎯⎯⎯⎯⎯⎯⎯ Astral ⎯⎯⎯⎯⎯⎯⎯⎯⎯⎯⎯			
Principes neutres : 3-4, 4, 4-5		3-1 (Neutralité interne du principe 3)	4 (Neutralité externe des principes 3 et 5)	4-5 (Neutralité interne du principe 5)	1
		(h)	Circulation nerveuse réflexe			
			⎯⎯⎯⎯⎯⎯⎯⎯⎯⎯⎯ Moëlle ⎯⎯⎯⎯⎯⎯⎯⎯⎯⎯⎯			
			⎯⎯⎯⎯⎯⎯⎯ mixte entre g et i ⎯⎯⎯⎯⎯⎯⎯			
		(i, j, k)	Circulation nerveuse consciente			
			⎯⎯⎯⎯⎯⎯⎯⎯⎯⎯⎯ Cerveau ⎯⎯⎯⎯⎯⎯⎯⎯⎯⎯⎯			
rit	(tête-volonté) sphère : 6	(i) Sensation Sens Cerveau postérieur Absorption de l'esprit. Apport de la vie 5	(j) Pensée Conscience Cerveau psychique Assimilation de la vie par l'esprit 6	Inspiration (*) Volonté-Motion Cerveau antérieur Utilisation finale 7	(k) Excrétion céphalo-génitale 1
Principes : 5, 6, 7					

(*) Le mot *inspiration* a un sens objectif au poumon et subjectif à l'esprit.

le caractère mixte d'affinité transitionnelle, sublimante des principes 3 et 5 dans leurs parties 3-4, 4-5. En même temps, elle détermine la demi-excentricité des principes 1 et 7, et l'affinité variable, l'excentricité astrale du principe 4. Les affinités externes ont leur siège aux plans et aux pôles. Les septenaires, planétaire, musical, prismatique, etc., apparaissent sous ce jour d'une façon aussi nouvelle qu'édifiante.

La synthèse fonctionnelle dont nous avons indiqué sommairement les principes se détaille en révélant l'unité de ses symétries dans le tableau de la page 4. On y verra la localisation centrale de l'âme de la vie, entre le sang et le nerf, dans le grand sympathique, conformément aux schémas I et II. La vie, en effet, médiatrice entre l'esprit et le corps, tient de la matière de l'un et de la force de l'autre. La hiérarchie progressive des fonctions apparaîtra dans le classement de cette élaboration graduelle. En même temps, toutes les subtilités de frontières entre les principes s'accuseront (1).

---

(1) En ce qui concerne les indications astrales, je les ai notées autant que les procédés typographiques le permettent, me gardant de mettre sur ces faits, dont les lois sont traditionnelles, les néologismes que l'ignorance moderne s'est crue obligée de leur décerner. La science académique sait empiriquement que l'aimant attire le fer et d'autres substances ; ce n'est là qu'une seule manifestation du magnétisme universel, de l'amour inné et réciproque des choses et des êtres. A ne considérer que les médiations dont l'appui est sensible dans la transmission et à laisser de côté les cas tels que la malédiction,

Au corps, à la vie, à l'esprit correspondent les systèmes digestif, sanguin, nerveux. Mais on voit que le foyer même de la vie est situé entre le sang et le nerf, comme nous avons toujours été amenés à l'indiquer. Le centre de l'âme est bien le pôle nord du corps et le pôle sud de l'esprit; mais ici encore l'inclinaison du plan déplace ce centre vers le nerf, en sorte qu'il se trouve dans ce système intermédiaire qui est le grand sympathique. La figure suivante établit cette localisation conformément au tableau précédent et aux schémas.

ESPRIT { *Conscient.* / *Réflexe.*
VIE { *Grand sympathique.*
CORPS { *Sang.* / *Chyle.*

*
* *

Pour compléter la détermination de l'âme, il importe de montrer ce qu'elle devient après la mort, relativement à l'esprit et au corps.

L'âme opposée au corps dans une conception binaire, c'est l'esprit (ex: l'âme catholique,

---

le pressentiment, on trouvera l'influx astral dans le rêve, la folie, le soupir, le geste oratoire, le rougir, le baiser, le mal du pays, ce qu'on appelle le coup de foudre et toutes ces manifestations subtiles exprimées par le *je ne sais quoi*. Les vocatifs érotiques: âme, vie, en sont une preuve d'instinct que mille circonstances de la vie corroborent. Les animaux épuisés de fatigue, par exemple, se couchent *le ventre au soleil.*

l'expression : âme noble). En réalité, l'âme (*anima*) est ce qui anime, ce qui donne la vie. L'esprit est la raison d'être. L'âme vitalise le corps selon l'esprit en leur servant d'intermédiaire et en les rattachant à la vie générale extérieure. Beaucoup d'auteurs distinguent l'âme de la vie en appelant vie l'âme, et âme l'esprit. Une comparaison accentuera la distinction. Un moulin à eau a pour corps l'ensemble de sa machination, dont l'arbre de transmission représente le grand sympathique. L'eau qui, extérieurement, par sa chute, l'actionne, représente en amont l'*od*, en aval l'*ob* de l'âme universelle, dont la localisation incessamment renouvelée sur la roue représente l'âme individuelle du moulin. L'esprit est le meunier, qui, par sa volonté, utilise cette vitalité à telle ou telle destination par le jeu de ses courroies. On voit comment l'âme, concentrée sur la roue, s'étend intérieurement et extérieurement par ce que le mot « capillarité » pourrait ici traduire. C'est en mesurant la justice divine à l'aune sociale que l'on tombe dans les déplorables interprétations qui courent de la métempsychose, de la réincarnation, de l'évolution, du transformisme. La vie cesse, l'âme meurt par la séparation de l'esprit et du corps. Elle rentre dans l'âme universelle. Le corps se décompose en plusieurs autres corps différents. L'esprit se désindividualise également. Que reste-t-il ? Tout, sauf la personnalité, qui, par ces séparations, n'est plus qu'*historiquement*. Dieu seul est immortel. « L'immortalité de l'âme », c'est-à-dire l'immortalité de l'esprit en tant qu'esprit lui est coéternelle, en tant qu'esprit humain individualisé dans un être vivant, elle est relative à la mortalité incessante du corps et à la nutrition astrale de l'âme. En d'autres termes, l'esprit est immortel pendant notre vie, relativement à notre corps incessamment mourant. A notre mort, son immortalité n'est pas moins vraie, mais elle n'est plus *nôtre* qu'historiquement, l'esprit étant désindividualisé dès sa séparation du corps. La nouvelle personnalité que cette *portion* (!) *exacte* de l'infini pourrait, d'après les uns, acquérir dans un corps naissant après la mort du corps auquel elle était unie, n'aurait, en admettant cette toute matérialiste hypothèse, ni dans un animal ni dans la lune aucun rapport avec sa précédente période de vie. Retrouver une âme ou un esprit dans l'âme du monde ou l'esprit de Dieu, c'est retrouver une goutte dans l'océan, et le grain de beauté du défunt dans le gazon de son tumulus. Oui ! l'âme ne meurt pas, oui ! l'esprit ne meurt pas ! Mais *nous* mourons (1) avec notre corps, qui, en les localisant consti-

(1) Pour parler un certain jargon moderne, le *soi* peut laisser des reflets après la mort, le *moi* est absolument annulé. Il va sans dire que, pas plus ici que

tue leur personnalité. Pas plus un corps n'est exactement un corps antérieur, pas plus une âme ou un esprit ne sont exactement une âme ou un esprit antérieur. La décomposition du corps comme la désindividualisation de l'âme et de l'esprit rendent insoutenable cette supposition. D'ailleurs l'âme et l'esprit ne sont pas des choses concrètes. L'âme est le contact de l'esprit et du corps au courant astral. L'esprit est l'écho de la mission humaine promulguée le premier jour et dont la plus intime vibration est ce que nous appelons notre conscience. Le corps décomposé, plus de contact, plus d'écho ; mais le courant continue de passer, et le verbe retentit toujours.

nulle part ailleurs, je ne me sépare d'aucun dogme. Mes interprétations sont humaines et personnelles — deux déformations dont il faut tenir compte.

III

(Annexe B)

ADAPTATION SEMBLABLE A LA DÉTERMINATION
DES RAPPORTS
DU MONDE DIVIN-CRÉATEUR
ET DU MONDE HUMAIN NATUREL.
MACROCOSME.

> *Nos enim astrorum discipuli sumus; illa autem, nostri Doctores.*
>
> PARACELSE.

A cette question : Dieu d'après l'occultisme (1), on peut immédiatement et complètement répondre : L'Unité. Mais nous sommes incapables de concevoir l'unité.

Dieu a eu un verbe de création. Ce mystère du binaire, inséparable de celui de l'entité divine, a ouvert le contingent au Nombre sensible, en nous montrant l'infinie variété de manifestation de l'Inconcevable. Nous ne pouvons concevoir Dieu de plus près que du ternaire, premier radical de tout nombre, humainement. Toutes les modalités de l'exotérisme réservent la contemplation ultérieure

---

(1) Etude théorique, n° 12 de la branche KVMRIS du Groupe indépendant d'Etudes ésotériques. Cette question a été provoquée par la devise de la branche : JHVH, et par son signe : ⚚, le trident de Paracelse, figuratif du ternaire-quaternaire tétagrammatique. Le tétragramme sacré n'est pas plus qu'aucune autre appellation le nom de l'Unité ineffable, principe et fin de tout. C'est l'expression (4) de l'idée (3) que l'homme peut s'en faire. Ses quatre lettres correspondent aux principes actif, passif, équilibrant ou neutre et fécondant qui, sous diverses formes, sont la base de toutes les théogonies et le radical de toutes les Normes. Quant à la racine dernière du mot *Dieu*, elle réunit les idées de lumière et d'élévation.

de l'Etre (1) et offrent la Trinité comme la notion la plus parfaite, la plus épurée, la plus élevée, la plus approximative de l'unité absolue, infinie, éternelle. L'autonomie cardinale et sa première expansion inséparables ne peuvent être perçues que dans une seconde expansion, qui est pour nous la première en même temps qu'elle est, divinement, la troisième (2). Les signes quaternaires de la divinité ne sont que ce ternaire suivi de son expression. En sorte que (1 + 2 + 3), première ou ultime perception, se trouve entre le

(1) V. Fabre d'Olivet, *Vers Dorés*, Exam., 2 et 27, et mon étude historique, L'AGE DE SPHINX. (*Le Voile d'Isis*, nos 25, 6, 8, 9.) Introduction aux études du Groupe.

(2) Les tentatives d'escalade de ce ternaire ont donné naissance aux diverses hérésies schismatiques du dythéisme. Sans inciter à une incursion de ce genre, aussi néfaste que vaine, je puis indiquer au schéma V le parallélisme de Boas et Jakin avec le Kéroub au glaive de flammes et la chute adamique. On en pourra tirer une comparaison de distances significative et dont l'interprétation prolongée soulèvera plus d'un voile à l'œil attentif. Il va sans dire, d'ailleurs, que tous mes schémas sont, pour cause de clarté et de précision, limités dans leurs notations. Celles qu'on y trouvera sont la base de nombreux développements qui ne rentrent pas directement dans mon sujet au point de vue où je suis placé, quelque vaste qu'il soit, mais qui s'imposent à l'esprit désireux de pénétrer les interprétations lointaines de rapports que je ne puis ici qu'esquisser. Je citerai comme exemple les lois de la polarité sexuelle qui, même avec le parallélisme dont je viens de parler, ne sont que très sommairement figurées dans mes schémas, et qui, par l'étude comparée de ceux-ci, s'y révèlent d'une manière suffisamment positive. Il en est de même de la loi d'attraction, qui peut se lire en même temps que celle d'évolution que j'indique plus loin.

signe 4, expression humaine de cette perception, et l'origine inconnue (Dieu même) de l'unité que nous ne pouvons concevoir que relativement à la suite de ses différenciations. Au ternaire correspondent les symboles d'idée. Au quaternaire correspondent les symboles de forme. Le ternaire est le type de l'idée et l'idée suprême. Le quaternaire est le type de la forme et la forme suprême. Balzac, qui n'a pas manqué d'initiation, disait : Dieu seul est triangulaire.

Cette triangulation compte parmi ses diverses révélations : la trinité catholique, le ternaire sexuel bouddhique, les trigrammes chinois. La quadrature, qui rend sensible, réflexe, consciente cette perception intime, compte parmi ses diverses révélations : le signe de croix chrétien, le quaternaire ou la tétrade sacrée des pythagoriciens, le tétragramme sacré JHVH qu'on retrouve dans Jehovah, INRI, Azoth, Évohé, dans les quatre figures du Tarot.

Dieu est 1 d'essence, 2 de verbe, 3 de manifestation (idée humaine de cette manifestation), et 4 d'expression (forme humaine de cette idée). Comme 1 et 2, il est inconcevable (Père) ; comme 3 il est médiateur (Saint-Esprit), entre sa propre inconcevabilité et l'esprit humain ; comme 4 il *s'incarne* dans l'humanité (Fils) (1). (V. *Schéma* V.)

(1) La Kabbale enseigne que l'inaccessible unité divine se révèle dans le monde intelligible par le ter-

Notant la conception de Dieu, il faut hardiment abandonner tout souci littéraire, et parler avant tout avec précision. Les répétitions des mêmes mots simples s'imposent en des combinaisons verbales quasi nègres. Nous sommes dans le domaine de l'occultisme, et comme il est impossible de rendre sensible des choses insensibles autrement que par comparaison (1) les figures géométriques et, numériques sont seules aptes à dépasser l'impuissance de notre langue peu hiératique.

L'unité divine, unique, absolue, inconcevable, incréée, n'est pas l'unité humaine, variée, relative, tangible, multiple et créée. L'unité que nous sommes capables de nous figurer est limitée par la différenciation extérieure de nos sens. Elle est dépendante d'une création antérieure et supérieure. Nous ne pouvons la concevoir que par rapport à quelque chose qui n'est pas elle et qui n'est pas nous, c'est-à-dire qu'elle est toujours triple, ou plutôt fractionnaire de trois. Nous

---

naire et se manifeste dans le monde sensible par le quaternaire. Ces trois mondes correspondent dans le schéma V aux aires respectives de la Création, de l'Esprit et de la Nature.

« Dieu invisible est aperçu par ses effets visibles. » SS. Paul et Thomas d'Aquin.

(1) V. Fabre d'Olivet. *Vers Dorés*, Exam 24, 27, 35; et mon étude sur *La Communication verbale*. (*Le Voile d'Isis*, nos 21, 43, 44.) Etude théorique n° 11 de la branche *KVMRIS* du *Groupe indépendant d'Études ésotériques*.

V. aussi le discours préliminaire des *Vers dorés*, § II, et celui d'Hermès à Toth.

connaissons et pouvons opposer ces unités semblables alors que « Dieu n'est égal qu'à lui-même (1) ». En outre, l'unité divine est exorbitante; celle que nous pouvons imaginer est résorbante. On voit comment l'homme est l'image de Dieu (2) et comment l'analogie est une correspondance, non une similitude. Le schéma IV, applicable au suivant, qui résumera le macrocosme, montre que l'infiniment grand divin inconcevable se reflète dans le concevable humain par l'infiniment petit humain inconcevable (3).

Villiers de l'Isle-Adam, l'esprit fier et sublime, m'a dit un jour un mot profond et précis qu'il n'a jamais écrit et que j'ai fixé au bas de son portrait : « L'Infini c'est un point. » Ce point est le point médiateur 1, mais il est insondable, c'est la limite de l'esprit humain, le nœud de l'arcane générateur, le pivot du mystère de l'Être, l'axe de l'Incognoscible. A considérer l'unité comme un point, cette idée même nous sera toujours ternaire, un point

(1) E. Lévi.
(2) L'homme n'est pas comme Dieu, mais comme son image humaine. Cette image est comme l'homme ternaire-quaternaire, en ce sens que sa forme quaternaire indique l'idée ternaire par la répétition du second élément (JHVH). Pour connaître l'homme, connaissez l'image de Dieu ; pour connaître Dieu extrayez la racine carrée de cette image. Mais cette racine nous est *incommensurable*, à employer le propre terme mathématique.
(3) L'infinitésimal homéopathique tient sa vertu d'une correspondance analogue.

ne nous étant perceptible que par l'intersection de deux lignes et un champ de l'espace (1).

J'ai dit l'unité de Dieu, concevable comme trinité et exprimable par le tétragramme. J'ai montré aussi l'antinomie qui sépare l'unité ineffable de l'unité que la spéculation peut atteindre.

Dans une troisième application de l'analogie du microcosme, je montrerai sous un aspect nouveau le miroir salomonique où Dieu entre dans l'humanité et l'humanité dans Dieu par le reflet du macrocosme. A animer l'absolu de notre conception, à le vitaliser dans notre intelligence, à en faire l'objet de tout notre esprit, ce tout s'oppose à notre relativité conformément à la figure dressée ci-joint pour rendre sensible l'ensemble des diverses manifestations divines dans leurs rapports avec l'humanité. Si je me permets une nouvelle fois l'usage de ce schéma (2), c'est qu'en même temps que je le considère comme dogmatique-

---

(1) L'infini est le centre hiérarchique de toutes les orbites ou le point d'intersection de toutes les parallèles. Ce point est le principe, le moyen et la fin universels. Il résume en son inaccessible virtualité l'évolution et l'involution cosmiques par son inconcevable équilibre. En effet, tout ce qu'émet cette source unique qui est son propre objectif *gagne* cet objectif en *fuyant* cette source, par une trajectoire, hyperbolique dans son moyen, mais rationnelle dans ses termes aussi confondus qu'inimaginables.

(2) Les procédés d'étude de l'occultisme sont d'une simplicité déconcertante pour l'esprit habitué aux arguties des sciences modernes. Ces opérations lui paraissent généralement d'une naïveté synonyme d'erreur, la complication étant le signe de *ses* vérités. La

ment autorisé et recommandé, les diverses applications que j'en fais se corroborent en des confirmations et des combinaisons avantageuses. Il faut répudier les schémas arbitrairement imaginés. Celui-ci repose sur la tradition et la réalité.

Il est formé de l'analogie vitale de la terre ainsi transposée :

Axe et plan de l'écliptique : divinité.

Axe et plan terrestres : humanité.

Sphères : émanations simultanées de Dieu, contingent co-éternel à l'unité. (Nous sommes impuissants à donner une moins imparfaite interprétation de ces sphères qui, étant le rayonnement inhérent du premier principe avant toute différenciation imaginable, sont Dieu même. Seulement, ici, il nous apparaît

---

méthode qui fournit la base commune de ces trois examens pèche apparemment par ce caractère.

La méthode occulte, l'analogie, n'est évidemment d'aucune signification par elle-même. Son éloquence est relative. De même tout objet, toute pratique, toute formule du rituel est vaine en elle-même. Son efficacité dépend de l'officiant. Ici, la portée du système d'enseignement dépend de l'intelligence de cette nécessité : L'occulte est insaisissable aux mots comme aux sens. Pour tenter de le communiquer quelque peu et d'en rendre les reflets quelque peu sensibles, il faut enserrer cet inconnu, comme tous les x, dans une équation. Cette équation est, en philosophie, l'analogie — seul moyen de s'exprimer sur les choses dont l'idée n'est pas directement communicable. D'ailleurs, la conviction ne naîtra pas plus par l'analogie pour qui ne comprend pas l'axiome magique du macrocosme, qu'elle ne naîtra par la raison pour qui sait que celle-ci est toujours bonne, même quand elle est mauvaise.

plutôt comme infini que comme absolu. Il va sans dire, du reste, que toutes les déterminations verbales ou plastiques que l'homme peut employer pour formuler Dieu sont, comme toutes ses expressions, en dessous de ses idées correspondantes, particulièrement dans cette matière, à cause de l'éloignement incommensurable de leur objet et de l'absence d'une langue suffisamment pure et élevée. Le meilleur conseil qui se puisse donner pour surmonter ces difficultés est celui de reconstruire soi-même tout schéma métaphysique dont on veut se donner la peine de pénétrer l'analogie et les rapports.)

Le centre de la sphère correspond exactement, comme arcane créateur à l'intersection des deux lignes du schéma IV.

Le tétragramme appliqué aux huit secteurs se lit dans le sens divin et dans le sens humain, et oppose significativement les *Iod*, les *Hé*, les *Vau*. Les arcs réunis de ces huit secteurs marqués deux à deux par opposition d'une lettre du tétragramme, forment, par leur ensemble, le cycle infini de la vie correspondant en séphiroth à Hod, le triomphe éternel de l'unité infinie dans l'équilibre de la réalisation.

Au *Iod* sacré figuratif de l'unité divine correspond le *Iod* résumé adamique (1). Les huit secteurs s'opposent par 2, 4, 6, 8.

(1) Sommets opposés de l'hexagramme.
Le sceau de Salomon s'éclaire singulièrement au

Entre Dieu-Création et Adam-Nature, un médiateur mixte existe par l'élévation de l'homme et la pitié de Dieu. L'incompréhensible mystère de *l'unité une et réflexe* entre dans la conception humaine comme mystère de la trinité. LE SAINT-ESPRIT EST L'UNION DE DIEU-UN ET DE L'HOMME, COMME LA VIE EST L'UNION DE L'ESPRIT ET DU CORPS (2). Par Lui, le verbe entre dans la réalisation

parallélisme de l'analogie cosmique rigoureuse que je dresse ici. Les six triangles ont, deux à deux, des significations éloquentes de précision dans cette relativité. L'interprétation de l'hexagone central n'est pas moins satisfaisante. D'autre part, le pentagramme, considéré cosmiquement, retrouve ses pointes horizontales inversement disposées dans l'inclinaison des plans des schémas, I, II et V.

Ces divisions et la forme cyclique donnée à leur conception pourraient sembler de quelque tolérance à l'égard de l'opinion panthéiste. Il importe donc d'affirmer ici que si, réservant l'inconcevabilité divine première, nous analysons les émanations de ce foyer mystérieux, nous n'en rapportons pas moins toujours à cette unité toutes les attributions qui s'offrent à nos yeux. Ainsi ont fait toutes les religions, toutes philosophies. Le panthéisme moderne est une erreur historique. Il y a eu, il y aura toujours des cultes d'émanations. A ce compte, le catholicisme est au moins polythéiste, ce qui n'est qu'une subtilité de la même confusion.

(2) De même qu'on a vu l'âme humaine participer de l'esprit et du corps, on voit ici le Saint-Esprit procéder du Père et du Fils, selon l'exotérisme orthodoxe ; ou, en d'autres termes, l'âme divine participer de Dieu et de l'homme, *l'âme du monde* participer de la Création et de la Nature. Proudhon, à qui l'athéisme ne suffisait pas et qui voulait instaurer l'antithéisme, a eu, au milieu même de ses blasphèmes, l'instinct du macrocosme quand il dit : « Dieu est l'ombre de la conscience projetée sur le champ de l'imagination ».

naturelle, sensible (la chair). Ces rapports et ces affinités correspondent aux relations des lettres du tétragramme et établissent la connexité de cette seconde annexe avec l'objet de la question en dehors de toute similitude de méthode. La comparaison de l'obliquité des plans dans ce schéma et dans le premier est édifiante. D'autre part, l'extériorisation des principes extrêmes dans le second indique par sa transposition dans celui-ci l'*extension centrifuge infinie des sphères contingentielles* (ÉVOLUTION) *augmentant proportionnellement la concentration de l'Esprit vers le point générateur de cette exorbitation* (INVOLUTION) (1).

Les autres rapports macrocosmiques se

Quelque antipodale que soit cette proposition, elle suppose implicitement une lumière éclairant la conscience. Seulement, au lieu d'être éclairée d'en bas et de projeter une ombre ou un reflet supérieur, la conscience est éclairée d'en haut et projette un reflet inférieur. Connaissant ce reflet et son angle, la partie concevable de son objet peut être étudiée. L'esprit médiateur, le ternaire divin est le prisme que traverse l'inaccessible divinité pour se réfracter en nous. L'écho infini du Verbe créateur est semblablement concentré, et le Verbe inconcevable n'est réalisé que par la transmission du Verbe concevable (V. schéma V). Cette médiation spirituelle entre l'ineffable et l'entendement, cette affinité supra-humaine du septième principe sont indiquées par saint Augustin quand il parle d'« une perfection que nous devons à *notre union avec l'esprit de Dieu même*, en dehors de notre perfection propre et naturelle, résultant de nos propres principes et de nos propres forces ».

(2) C'est l'équilibre prométhéen polarisé dans l'*APDOSEL* de Paracelse qui donne la clef alchimique de cette analogie.

liront aisément sur le schéma. Il est important, dans cette lecture, de ne pas perdre de vue le degré analogique où elle se fait, et de considérer attentivement qu'il n'y est figurativement question de Dieu que dans ses rapports avec l'Humanité et la Nature. Cette relativité est la moindre qui soit imposée à la conception humaine. Au delà, l'initiation ésotérique a de tout temps remplacé les mots et les pantacles par le silence.

CONCLUSION-THÈSE

En ces trois examens, les rapports ont été mesurés

du Corps Humain (infra-spirituel) et de Dieu (supra-spirituel) } avec l'Esprit Humain.

Entre le Corps Humain et l'Esprit Humain il a été trouvé le Corps Spirituel ou l'Esprit Corporel (P. l'Ame, la Vie).

Comme entre Dieu et l'Esprit Humain il a été trouvé Dieu Spirituel ou l'Esprit Divin (Ternaire Médiateur du Saint-Esprit).

D'où les rapports semblables :

I. L'ESPRIT HUMAIN EST MOYENNE PROPORTIONNELLE ET MÉDIATEUR ENTRE DIEU ET LE CORPS HUMAIN.

L'Esprit Humain est à Dieu comme le Corps Humain est à l'Esprit Humain et réciproquement.

Dieu est à l'Esprit Humain comme l'Esprit Humain est au Corps Humain et réciproquement.

II. L'Esprit Humain est moyenne proportionnelle et médiateur entre le Saint-Esprit et l'Ame.

L'Esprit Humain est au Saint-Esprit comme l'Ame est à l'Esprit Humain et réciproquement.

Le Saint-Esprit est à l'Esprit Humain comme l'Esprit Humain est à l'Ame et réciproquement.

III. Le Saint-Esprit est moyenne proportionnelle et médiateur entre Dieu et l'Esprit Humain.

Le Saint-Esprit est à Dieu comme l'Esprit Humain est au Saint-Esprit et réciproquement.

Dieu est au Saint-Esprit comme le Saint-Esprit est à l'Esprit Humain et réciproquement.

IV. L'Ame est moyenne proportionnelle et médiatrice entre l'Esprit Humain et le Corps Humain.

L'Ame est à l'Esprit Humain comme le Corps Humain est à l'Ame et réciproquement.

L'Esprit Humain est à l'Ame comme l'Ame est au Corps Humain et réciproquement (1).

$$\left.\begin{array}{c} \text{III} \\ \text{IV} \end{array}\right\} \text{II} \left\{ \text{I} \left\{ \begin{array}{l} \text{Dieu inconcevable.} \\ \text{Saint-Esprit.} \\ \text{Esprit Humain.} \\ \text{Ame Humaine.} \\ \text{Corps Humain.} \end{array}\right.\right.$$

(1) En combinant entre elles les différentes formes des rapports II, III et IV, on établirait une nouvelle série de relations semblables.

DÉDUCTION DOGMATIQUE

DES TROIS ADAPTATIONS

L'analogie macro-microcosmique compare l'Univers et l'Homme (1).

Ce degré superlatif de comparaison est celui de la troisième adaptation embrassant tous les autres.

Mais entre l'harmonie infinie des systèmes solaires à tout rang de hiérarchie et l'un de ces systèmes, l'analogie subsiste et permet la transposition du parallélisme général. La particularisation suivante assimile l'ensemble d'un monde à l'une de ses planètes et correspond à la première adaptation (2).

La seconde relève, dans le sens inverse, de

---

(1) Fabre d'Olivet, *Vers dorés*. Exam. 8. Ce dogme remonte aux premiers sanctuaires de la tradition.
(2) En rhétorique, ce procédé est la synecdoque.
Un degré de cette analogie demande à être étudié, c'est le premier sens direct astral de la Terre même, en tant que collectivité humaine ou planète hominale. V. Swedenborg.

la première division de l'autre terme analogique (1).

(1) Interrogé au sujet de la seconde question du Groupe (*sortie du corps astral*) sur la prolongation de l'analogie microcosmique, je répondrai que sa légitimité est absolue, c'est-à-dire qu'il est permis de la pousser jusqu'à la plus lointaine spécialisation divisionnaire. Quant à sa possibilité, elle devient de plus en plus difficile à mesure que l'on pénètre plus avant dans les localisations particielles, le rapport des mots — quand ceux-ci peuvent encore suffire — rappelant de moins en moins le rapport des choses. Toujours est-il que l'étude analogique de la sortie astrale microcosmique, pour dépasser ce qui en a été dit ici, devra se reporter aux « mouvements séculaires » (nutation, variation d'excentricité et déplacement du périhélie, précessions des équinoxes et variation d'obliquité).

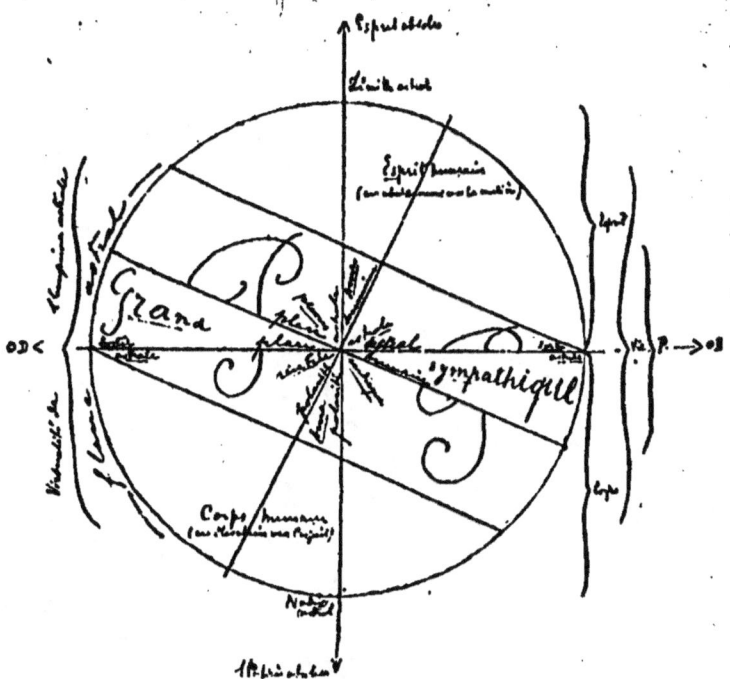

Schéma I
Analogie du microcosme humain sur le plan astral.
Détermination des localisations relatives du médiateur animique.

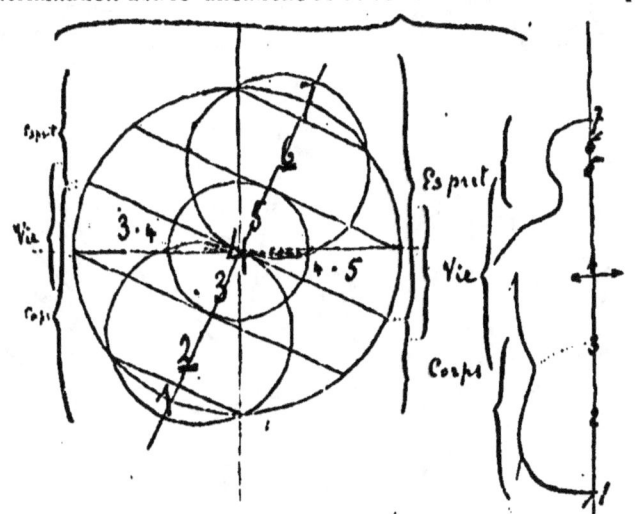

LOCALISATION DES SEPT PRINCIPES DE L'HOMME
Schémas II – III
Schéma microcosmique — Schéma physiologique.

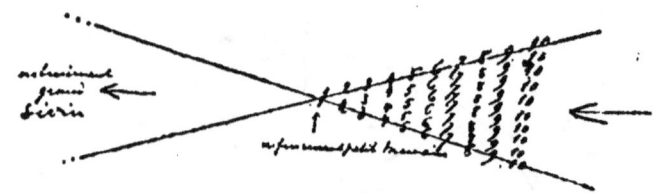

Schéma IV

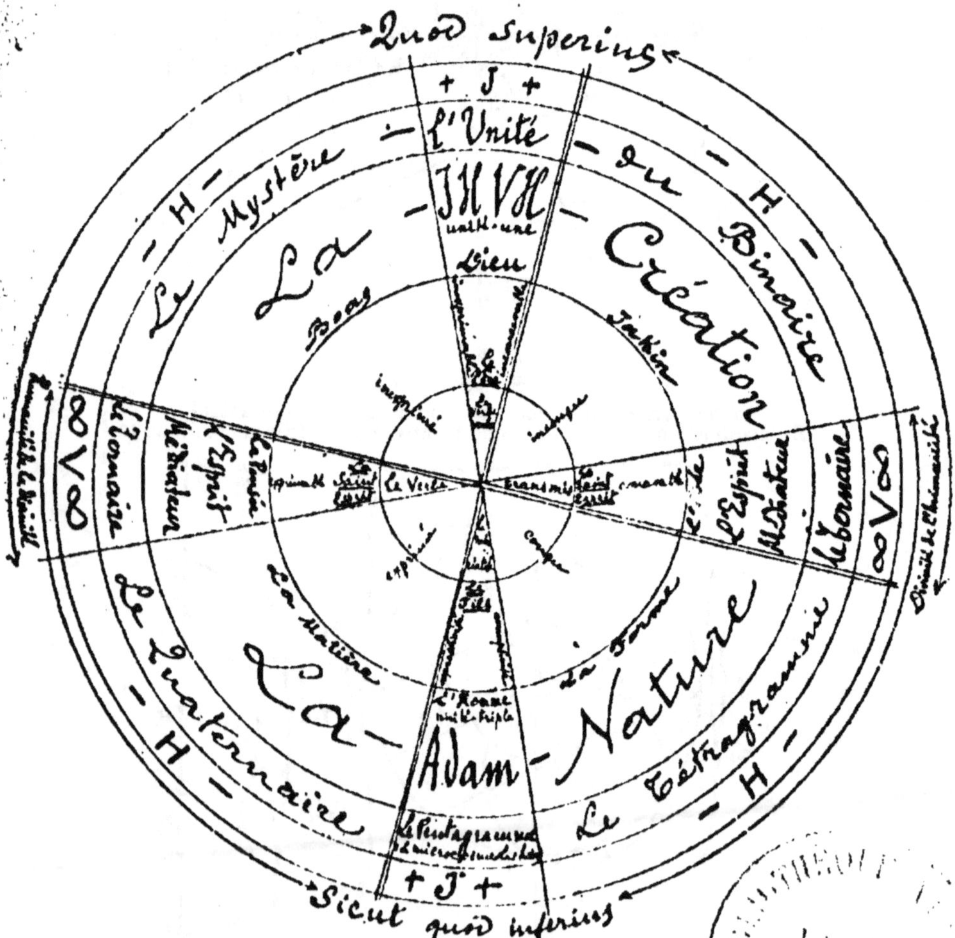

Schéma V
MACROCOSMES
Rapports du monde divin-créateur du monde et humain-naturel

TABLE DES MATIÈRES

                                              pages

Préface, par Papus.   1
    Extrait du rapport à la Commission d'enseignement sur les réponses des branches à la première question du groupe indépendant d'études ésotériques :
    Du Principe unissant le corps physique à l'esprit dans l'homme. 11
Rapport Adaptation de l'analogie du microcosme humain, par la relation odique du plan astral et du plan humain, à la détermination de l'essence, de la localisation et des relations internes et externes de l'âme. 17
Annexe A.
    Adaptation semblable à la détermination des localisations et des rapports des sept principes de l'homme, spécialement à celle de l'extériorisation des principes extrêmes et médians, ceux-ci considérés dans leur neutralité et leur affinité astrale. 29
Annexe B.
    Adaptation semblable à la détermination des rapports du monde divin-créateur et du monde humain naturel. — Macrocosme. 47
Conclusion-thèse.   60
Déduction dogmatique des trois adaptations. . 62
Argument de connexité 15
Schémas 64

TABLE DES SCHÉMAS

pages

Rapport.
  I. Analogie du microcosme humain sur le plan astral, déterminant les localisations relatives du médiateur plastique. 64

Annexe A.
  II. Analogie semblable, déterminant les localisations relatives des sept principes de l'homme . . . . } 64
  III. Localisation physiologique des sept principes de l'homme d'après Papus (modifiée).

Annexe B.
  IV. Reflet macrocosmique de l'infiniment grand divin dans l'infiniment petit humain. 65
  V. Le Macrocosme, déterminant les Rapports de Dieu et de l'Homme, de la Création et de la Nature. 65

TOURS, IMP. ARRAULT ET Cⁱᵉ, 6, RUE DE LA PRÉFECTURE

CHAMUEL, Éditeur
29, rue de Trévise, Paris

A. DE ROCHAS. — *Les Etats profonds de l'Hypnose*, 1 vol. in-8, avec dessins 2 50
PAPUS. — *Traité méthodique de Science occulte* avec préface de AD. FRANCK, de l'Institut). Un vol. gr. in-8° de 1100 p. avec 2 dictionnaires et glossaires, 400 grav. et tableaux . . 16 »
— *La Science des Mages*, br. in-18 de 72 pages, orné de 4 gravurese . . . . » 50
STANISLAS DE GUAITA. — *Serpent de la Genèse*, 1 fort vol. in-8 de 550 pages, avec nombreuses gravures dont 16 planches hors texte . . . . 15 »
F.-CH. BARLET. — *Essai sur l'Évolution de l'Idée*, 1 vol. gr. in-18 avec dessins. 3 50
J. PELADAN. — *Comment on devient Mage*, 1 beau vol. in-8, avec portrait héliogravé de l'auteur 7 50
— *La Queste du Graal*, 1 vol. in-16, orné de 10 grav. 3 50
J. LERMINA. — *La Magicienne*, 1 vol. in-18, avec planche hors texte 3 50
BODISCO. — *Traits de lumière*. Recherches psychiques (1888-1892) dédiées aux incrédules et aux égoïstes, 1 superbe vol. in 8 carré, avec planches et dessins . 5 »
ERNEST BOSC. — *Isis dévoilée ou l'Egyptologie sacrée*, 1 vol. in-8 de VI-304 pages, avec un superbe portrait de l'auteur (Hiéroglyphes, Papyrus, Livres d'Hermès, Religion, Mythes, Symboles, Psychologie, Philosophie, Morale, Art sacré, Occultisme, Mystères, Initiation, Musique). . . . . 4 »
Cte DE LARMANDIE. — *Eôraka!* notes sur l'Esotérisme 1 vol. in-18. . . . . 3 50
— *Montorgueil*, 1 beau vol. in-18 . . . . 3 50
L'ABBÉ JEANNIN. — *Eglise et Fin de Siècle*. Etudes contemporaines. 1 vol. gr. in-18. . . . . 3 50
PAULINE DE GRANDPRÉ. — *Les Légendes de Notre-Dame de Paris*, 1 vol. in-18 orné de gravures. 3 50
J. LAUMONIER. — *La Nationalité française, les Hommes*, 1 beau vol. in-18 de 400 pages 4 50
EMILE GERARDS. *Les Catacombes de Paris*, 1 beau vol. in-18, orné de 6 gravures et de 2 plans. . . . . 2 »
Batailles du Ciel. — Manuscrit d'un vieux Celte, 2 beaux vol. in-8 de 450 pages ch., les 2 vol . . . 8 »
BELLEMARE. — *Spirite et Chrétien*,
EMILE MICHELET. — *L'Esotérisme dans l'Art*, br. in-16. 1 »
Dr DELÉZINIER. — *Phénomènes électriques*,
HACŒPHI CHRYSES. — *Nouveau Langage symbolique des Plantes*, avec leur propriété médicinale et occulte, brochure in-18 de 75 pages . . . . » 75
HORACE LEFORT — *L'Erreur Latine*, broch. in-16. . . » 50
G. VITOUX. — *L'Occultisme Scientifique*, broch. in-16. 1 »
— *Les Limites de l'Inconnu*, brochure in-16. . . . . 1 »

TOURS. — IMP. E. ARRAULT ET Cie, 6, RUE DE LA PRÉFECTURE

www.ingramcontent.com/pod-product-compliance
Lightning Source LLC
LaVergne TN
LVHW022116080426
835511LV00007B/845